Pinceladas do Infinito

Raquel Lajes

NONSUCH MEDIA PTE. LTD.
SINGAPURA

ISBN: 979-8-89214-067-6

Primeira edição publicada em 2023

Título: Pinceladas do Infinito
Autora: Raquel Lajes
Editora: A. Lee
Design de Capa: Álvaro Oliveira para Nonsuch Media Pte. Ltd.

info@nonsuchmedia.com | nonsuchmedia.com

Índice

Além da Oração: Um Encontro 8

Cânticos do Invisível 9

Tecendo Sonhos na Tapeçaria do Éter 10

O Pincel Divino 11

Sussurros de Além-Véu 12

O Salto da Fé no Abismo das Estrelas 13

A Dança dos Ícones 14

Reflexos de Uma Alma Peregrina 15

Retrato de Anjos em Cores Dissonantes 16

As Escrituras do Vento 17

Entrelaçada com o Infinito 18

Ecos da Criação Perdida 19

Diálogos com o Ser Supremo 20

Diálogos Cósmicos 21

Sombra e Luz num Quadro Celestial 22

Dança Cósmica 23

O Atelier Espectral 24

A Alquimia do Visível e Invisível 25

Véus de Luz: A Transcendência do Visível 26

O Oráculo das Cores Ocultas 27

As Reflexões Coloridas do Oráculo Imortal 28

A Partitura Celestial 29

Concerto dos Deuses Esquecidos 30

Labirinto das Almas em Tela 31

Pinceladas do Labirinto 32

Sonhos entre Sagrado e Profano 33

Silhuetas no Templo da Inspiração 34

Aquarelas de uma Epifania 35

Girar com Dervixes no Espaço 36

Meditações no Jardim de Exílio 37

Murmúrios da Consciência Cósmica 38

Arcanos Revelados em Pinceladas 39

O Despertar do Êxtase Criativo 40

Encantamentos sob o Manto da Noite 41

Fragmentos de um Mosaico Celestial 42

Um Mosaico Estelar 43

Hino às Musas do Abstrato 44

Onde as pinceladas
do verso compõem a
tela da alma.

Além da Oração: Um Encontro

Na vastidão do espaço abstrato,
Além de toda prece e devoção,
Um encontro se tece, um ato,
Cingido em poesia e abstração.

Silente estrofe, vaga e singela,
No vácuo, minimalismo se encontra,
A rima ecoa, leve e bela,
Neste encontro, a arte se prontra.

Pincelada de um céu minimal,
Onde mais é menos na expressão,
Rima se faz quase casual,
No abstrato palco da criação.

Um sopro, uma pausa, um silêncio,
Cores despidas de qualquer luxo,
O enigma revelado em anúncio,
Que no menos, se descobre o augúrio.

Cânticos do Invisível

Na quietude, escuto,
Notas além, alma em sussurro.
Respiro rítmico, vasto silêncio,
Invisível harmonia, fronteira desvanecendo.

São cânticos invisíveis, versos do vento,
 Que contam histórias ocultas, no ritmo do momento.
No brilho das estrelas, na lua cheia de encanto,
O invisível canta, e acalma todo pranto.

Respiro rítmico, vasto silêncio, a ecoar,
Na imensidão do espaço, fazendo o tempo parar.
A canção do invisível, tão suave a tocar,
Toca a alma, faz o coração acelerar.

Na fronteira desvanecendo, segredos a desvendar,
Na linguagem do amor, no sussurro do mar.
Nos cantos do universo, na profundezas do ser,
Os cânticos do invisível, fazem a vida florescer.

Tecendo Sonhos na Tapeçaria do Éter

Em teia de éter, fios de sonhar,
Trama leve, no vazio a flutuar,
Em nós de estrelas, a arte de tecer,
Na tapeçaria cósmica, um ser.

Esboço subtil, abstrato fado,
Com rimas tecidas, soa o delicado,
A trama se esconde, mas ainda é,
No manto do éter, sonho de bebé.

Poucas palavras, vasto sentimento,
No tear do espaço, o pensamento,
Minimalismo, linha por linha,
Nessa rede etérea, a rima se alinha.

Vago e profundo, bem como o amor,
Padrão que envolve, sem nenhum torpor,
Leveza que dança à brisa subtil,
Sonhos em eco, destino febril.

O Pincel Divino

No éter da tela, um gesto recluso,
Um pincel divino, traço difuso,
Em cores e sombras, sussurros divinos,
Na arte do pouco, destinos finos.

Só um toque, o céu transforma,
Na vastidão branca, a forma se conforma,
Minimal, abstrato, sem mais adorno,
Pintura celeste, num quadro retorno.

Um traço, um gesto, tão suave e leve,
Na tela branca, o universo tece.
Arte minimalista, sem excesso de cor,
Revela a beleza, no seu maior esplendor.

E no vazio, a magia acontece,
O pincel divino, com amor tece.
Cores e sombras, em dança unidas,
No quadro da vida, histórias contidas.

Sussurros de Além-Véu

Em tons de surreal, o véu se rasga,
O mundo além, em nossa mente afaga,
Sussurros vêm como onda em maré,
Do outro lado, onde sonho é fé.

Olhares trocam-se com o abstrato,
Do real entrelaçado com o retrato,
De uma realidade que dança e se esquiva,
No sussurrar, a lógica cativa.

Formas se moldam, sem contornos certos,
Entre portais dos sentidos abertos,
Vozes emergem, falam sem boca,
Em rimas que a razão pouco toca.

Os relógios derretem em tempo suspenso,
Onde o agora é sempre um intenso,
Caleidoscópio de ideias, delírio visual,
Poema que flui do manancial surreal.

O Salto da Fé no Abismo das Estrelas

No abismo das estrelas, salto sem fim,
Esse mergulho escuro, silente, assim.
Fé que se lança na noite fagueira,
Buscando o sopro da luz derradeira.

Satélites dançam, chamados ao lar,
Cometas são guias a sibilarem no ar,
O salto, um voo por portas de sonhar,
Em cosmos difusos, começo a pairar.

Nas harmonias das nebulosas partidas,
Ecoa um lamento de eras esquecidas,
Senti os hinos cósmicos, a beleza a se expandir,
No salto da fé, aprendi a ouvir.

Um ponto, um salto, céu infinito,
Fé na escuridão, luz que eu acredito.
Menos é vasto, quando estou a cair,
Na abstração estelar, vou me definir.

A Dança dos Ícones

Na tela, ícones dançam, simples, vivos,
Em coreografia de cliques, ritmo intuitivo.
Passo incerto no vazio, breu,
Astros abraçam em silêncio, seu.

Girando compassos de aplicativos sonhadores,
Ícones se tornam os dançarinos narradores.
Astros sussurram segredos antigos,
No salto ousado, destinos amigos.

Reflexão se move em ícones flutuantes,
Pensamentos rodopiam, etéreos, delirantes.
Em quietude, o infinito fala ao ser,
No abismo, a alma aprende a ver.

Combinam-se estilos, de abstrato a figurativo,
Na dança dos ícones, espetáculo intuitivo.
Arte celestial se desdobra, eclética,
No salto, união de tempos, poética.

Reflexos de Uma Alma Peregrina

Por prismas de sonho a sua imagem atravessa,
Em charcos lunares onde a luz confessa.
A realidade torce, a percepção investe,
Da alma ao cosmos, uma ponte celeste.

Pela via láctea dos sentimentos, ela ruma,
Em acordes celestiais, uma sinfonia que acalma.
Reflexo da alma na poesia que respira,
Peregrina das estrelas, numa dança que inspira.

Símbolos sagrados no caminho da alvorada,
Na tela do infinito, sua essência é bordada.
Firmamento a mirar, reflete a sina,
Num enigma etéreo, alma peregrina.

Sombra e luz no jogo, bailarino discreto,
Formas que surgem, num dueto completo.
Eco de passos, na quietude prostrada,
Alma que fala, em sussurros de prata.

Retrato de Anjos em Cores Dissonantes

Pinceladas ousadas, anjos em tela fragmentada,
Cores colidem, contrastes entrelaçados, não há nada.
Igual ao caos que cria, sem rima ou razão,
Um céu de dissonâncias, a mais pura expressão.

Com véus de mistérios, em crepúsculos escondidos,
Anjos delineiam sombras, em segredos não ditos.
Cores mortas, tons que gritam nas asas caídas,
A beleza na tristeza, nas noites estendidas.

Anjos em concerto, com cores de um antigo verso,
Tecem o eterno equilíbro, num universo diverso.
Dissonantes só na superfície, mas no profundo,
Cada contraponto é parte do todo que compõe o
mundo.

Na vanguarda dos céus, anjos traçam linhas inauditas,
Dissonâncias que são, na verdade, notas eruditas.
Cores não como fenómeno, mas como pensamento,
Desafiam os olhares, reinventam o firmamento.

As Escrituras do Vento

Sussurros errantes, alfabeto do ar,
Os ventos etéreos têm segredos a contar.
Em cada brisa, uma letra, uma dança antiga,
Escrevem nas folhas, nas ondas, a cantiga.

Vagam sem rumo, calígrafos de Nada,
Desenham histórias em nuvens, alvorada.
Folhas que tremem sob o toque fugaz,
Narrativa invisível, efémera e audaz.

Traçam linhas em dunas errantes,
Ensinando ao mundo as verdades mutantes.
No sopro do vento, um idioma divino,
Codificado em zéfiros, destino peregrino.

História celeste, escrita em espiral,
Na voz do vento, um conto natural.
Invisíveis aos olhos, mas aos corações sentidos,
Nas escrituras do vento, os sonhos são inscritos.

Entrelaçada com o Infinito

No tecido do cosmos, bordado subtil,
Homem e estrelas, união gentil.
Estamos na vastidão, entrelaçados com fios,
De destinos celestes, mistérios tão frios.

Nós somos da poeira das antigas constelações,
Dançamos com planetas, em gravitação.
Cada pensamento, um eco na eternidade,
Vínculos invisíveis na imensa cidade.

Iluminados pela lua, guiados pelo sol,
Nossos corações vibram no mesmo farol.
A espiral da galáxia, padrão que nos envolve,
Nessa tapeçaria cósmica, o mistério se dissolve.

Caminhamos, serenos, cientes,
No infinito entrelaçados, eternamente presentes.
No fio do horizonte, onde o tempo se dobra,
Nossa existência flui, numa órbita obra.

Ecos da Criação Perdida

No vazio do nada, um grito ecoa,
Reflexos da origem esquecida, a joia.
Fragmentos de um todo outrora brilhante.
Reflexos vagueiam, na memória constante,

As montanhas e vales, com suas formas traçadas,
São como telas de um passado entrelaçadas.
As folhas que despencam, o voo da semente,
Carregam em si a voz da vida ascendente.

Ondas que se desfazem na praia solitária,
Desvendam enigmas em sua dança arbitrária.
As estrelas no firmamento, sentinelas do passado,
Guardam em seu fulgor, um segredo consagrado.

Os rios que correm, as florestas que crescem,
Nos ecos da criação, suas histórias tecem.
No silêncio da noite, na canção do vento,
Ecos da criação perdida, são meu alento.

Diálogos com o Ser Supremo

Diante do altar do desconhecido,
Em silêncio, o coração cálido e atrevido.
Com o Ser Supremo, um diálogo empreendo,
Nas entrelinhas do ser, o divino compreendo.

A conversa se desenha, uma tapeçaria sagrada,
Entre o mortal e o imortal, uma ponte alada.
Da harmonia universal, uma voz me embala,
O Ser Supremo, com ternura, então fala.

Em cada resposta, uma lição se descortina,
Na busca da verdade, a alma se afina.
Silente e omnipresente, do fundo do nada emerge,
Uma força consoladora, que ao meu ser se dirige.

Diálogos Cósmicos

Filho das estrelas, em tuas veias corre o infinito,
Buscas na Terra, mas é no Alto que está o escrito.
O propósito maior entendes vivendo, não perguntando,
No amor que ofertas, na compaixão, te expandindo.

Ser de luz, como enfrentar este mundo de dualidades?
A dor e a alegria, as perenes realidades?
Olha para as flores, simples e tão reais,
Elas enfrentam tempestades e dias frugais.

Entende que na vida, contrastes são necessários,
São eles que lapidam o espírito, mensageiros primários.
Mas como posso manter minha fé sem vacilar,
Quando a tempestade tenta meu barco virar?

Diante do grande mistério, percebo um elo,
Em diálogos com o Ser Supremo, encontro o selo.
Da grandiosa jornada que a todos nos convida,
Nestc infinito conversar, encontro a razão da vida.

Sombra e Luz num Quadro Celestial

Na abóbada celeste, pinceladas de mistério,
Entre sombra e luz, o cosmos é relicário.
Estrelas dançam, tecendo a noite em glória,
Cada uma narra a sua própria história.

Sombra, a tela vazia onde sonhos podem voar,
Luz, o guia brilhante, a nos orientar e inspirar.
O luar derrama prata sobre mares tranquilos,
Enquanto sombras acolhem os segredos mais íntimos.

Galáxias espiraladas, como redemoinhos divinos,
Refletem o eterno duelo, destinos afinos.
Nebulosas em fluorescência, um jardim suspenso,
Na dialética celeste, o invisível é imerso.

Auroras boreais, véus ondulantes do céu,
Bailarinas cósmicas, na escuridão sem véu.
Negritude profunda, ocos de infinito,
E o brilho dos astros, contraste explícito.

Dança Cósmica

Planetas giram em silhueta contra o sol distante,
Um quadro dinâmico, mutável a cada instante.
Cometas desenham as suas caudas efémeras no espaço,
No voo, a esperança se borda em laço.

A dualidade tecida em estrelas e vazio,
Na arte do universo, cada detalhe é arrepio.
Sombra e luz em convivência, sem conflito,
No grande quadro celeste, um poema infinito.

Neste firmamento vasto, percebemos a nossa parte,
Sombra e luz em nós, o equilíbrio é arte.
No reflexo das estrelas, encontramos nosso papel,
Cada alma nesta terra é um pedaço do céu.

Navegamos pelo oceano do tempo e espaço,
Em busca de respostas, cada um ao seu passo.
Estrelas como faróis, iluminam nossa jornada,
Na imensidão do cosmos, não somos nada.

O Atelier Espectral

Numa ruela esquecida pelo tempo, erguia-se o Atelier
Espectral,
Vasto refúgio dos artistas, entre o palpável e o imaterial.
Portas rangeiam com melodias de uma outra dimensão,
Convidando a alma criativa a entrar na sua mansão.

Paredes adornadas de quadros que sussurravam segredos,
Cada pincelada um universo, entre medos e enredos.
O teto, um mosaico de luzes e sombras derramadas,
Projetava no chão labirintos de histórias aladas.

Figuras vagavam como espectros em busca de essência,
Cinzas de paixão ardente e brumas de transcendência.
Esculturas que pareciam pulsar sob um olhar atento,
Retorcendo-se suavemente, ao sabor do vento.

Ecos de poesia ecoavam pelos cantos velados,
Versos nascidos das profundezas, versos alados.
Telas vivas, onde o fantasma da beleza habitava,
No Atelier Espectral, a arte eternamente se reinventava.

A Alquimia do Visível e Invisível

Num mundo onde o olhar é rei, a luz é sua coroa,
Um manto tecido de esplendor que às sombras abençoa.
Cintila em cada gota de orvalho, em cada grão de areia,
Entrelaça-se nos fios da manhã, a cada nova ideia.

Mantas de brilho descem sobre a terra, suaves e etéreos,
Desvelando cores ocultas, mundos paralelos, sérios.
Sob o seu toque, o ordinário ganha auras de mistério,
E a natureza morta se anima, num palco pioneiro.

A luz que se infiltra pela janela em reticências,
Parte os átomos do ar, alquimia de presenças.
Transforma o pó suspenso em constelações dançantes,
Num ballet cósmico, em cenários delirantes.

Entre raios e penumbras, há uma dança intemporal,
A luz que beija a sombra, um romance sem igual.
Na tela da existência, ela esculpe e desenha,
Mais do que a vista alcança, mais do que o pensamento
enseja.

Véus de Luz:
A Transcendência do Visível

Véus de luz que transpassam a cortina do visível,
Levam-nos ao limiar do alcance perceptível.
É na interação desses fachos luminosos,
Que descobrimos sentidos, caminhos gloriosos.

Transcendência é a arte de ver através do véu,
De perceber o invisível, decifrar o breu.
Cada raio uma ponte para o outro lado do ser,
Onde o que é conhece o que está por acontecer.

Véus de luz, como dedos de uma mão divina,
Apontam para a beleza que na simplicidade germina.
Em cada sombra descobre-se uma nova dimensão,
E na luz, descobrem-se as cores da criação.

Com véus de luz, o universo seu segredo confessa,
Revelando no visível a subtileza da promessa.
De que cada olhar lançado, cada imagem refletida,
É só um sussurro da verdade, uma passagem para outra
vida.

O Oráculo das Cores Ocultas

Num tempo esquecido, antes que as sombras tocassem o
chão,
Existia um Oráculo, cujo dom era ver além da visão.
Não de figuras, formas ou do contorno das coisas reais,
Mas das cores ocultas, essências dos mundos espirituais.

Era conhecido como o Guardião das Hues escondidas,
Por entre as dobras do real, suas perceções eram tecidas.
Cada cor, um fragmento de luz, um pedaço de alma,
Conjugava o passado, o presente, num fluir que acalma.

Os buscadores vinham em caravanas de esperanças,
Por respostas que mudariam as suas vidas, as suas
andanças.
Diante do Oráculo, pediam para conhecer o seu destino,
Na linguagem secreta das cores, um sussurro divino.

Ele mergulhava nas profundezas de seus olhos atentos,
Revelando os tons que regiam os seus momentos.
Azuis de calma, vermelhos de paixão ardente,
Amarelos de alegria, verdes de renascimento latente.

As Reflexões Coloridas do Oráculo Imortal

Com a varinha de cristal, tocava o espelho de águas,
E ondulações traziam à tona verdades nunca tão vagas.
As cores dançavam na superfície, desvendando mistérios,
Do coração dos homens, os seus silêncios, os seus
impérios.

Dizia-se que as suas palavras pintavam futuros possíveis,
Coalescendo vontades, tornando sonhos tangíveis.
Desvendar as cores ocultas era decifrar a chave da vida,
Enxergar através dos véus, onde a verdade se convida.

Porém, advertia o Oráculo, com a sua voz serena e grave,
Que conhecer as cores não era garantia contra o caos
suave.
No espectro do ser, o destino está sempre em
movimento,
E cada escolha é pincelada, parte do grande firmamento.

Nas eras que se seguiram, o Oráculo tornou-se lenda,
Uma memória das cores que o coração ainda entenda.
Mas dizem que em sonhos ainda visita os buscadores,
Oferecendo vislumbres das cores ocultas, os seus
esplendores.

A Partitura Celestial

Harmonia perdida, na poeira das eras longínquas,
Sob o céu estrelado, resgatam-se sinfonias extintas.
Acordes de uma orquestra divina, celeste criatura,
Composta pela natureza, a sua mais pura partitura.

Sopros do vento evocam Apolo, deus da música,
Cordas da chuva, batidas de tambor, a magia rústica.
Flauta de Pã reverbera nos vales, nas colinas,
O poder de Dionísio nas uvas das antigas vinhas.

Zeus comanda o trovão, maestro da tormenta,
Enquanto Hera tece harmonias na lira que acalenta.
Ares bate o ritmo de guerra, corajoso e feroz,
E Atena, com a sua sabedoria, concede-nos a voz.

Afrodite, com a sua beleza, compõe o amor nos refrões,
E Hestia mantém a chama que aquece os corações.
Poseidon agita o oceano, no timbal que rege as marés,
E Deméter assegura que a natureza sempre obedece às
leis.

Concerto dos Deuses Esquecidos

Nas ruínas do tempo, onde os ecos são mitos,
Ressoam as notas do concerto dos Deuses Esquecidos.
Melodias que tecem o véu entre o agora e o passado,
Cantos ancestrais, em sussurros delicados.

No palco celestial, um prelúdio ao esquecimento,
Os deuses tocam, desafiando o silêncio do firmamento.
Cada estrela, uma nota; cada planeta, uma canção,
Orquestrando o universo com divina precisão.

Esquecidos, talvez, pelos homens que olham para frente,
Mas nos sussurros da história, vivem, omnipresentes.
"Os Deuses Esquecidos" não deixam de existir,
As suas sinfonias eternas nos convidam a sentir.

Na escuridão, entre as frestas da razão e memória,
Brilha a eterna melodia, a mais sublime história.
Os deuses que esquecemos, na verdade, nunca se foram,
Nas cordas do tempo, as suas sinfonias ainda moram.

Labirinto das Almas em Tela

Nas tramas do universo, a tela se estende,
Um labirinto de almas, onde o destino se rende.
Cada linha, um caminho; cada cor, uma vida,
No tecido do tempo, a nossa essência é tecida.

No começo, um borrão, uma paleta vazia,
Em branco aguardando a alma que desafia.
Com a primeira pincelada, a jornada começa,
No labirinto das almas, a tela se condensa.

Verde para o crescimento, vermelho para a paixão,
Azul para a calma, amarelo para a ação.
Cores se misturam, formando a trama,
No labirinto das almas, cada uma clama.

Almas entrelaçadas, em nós e em curvas,
Em busca de saídas, em busca das suas turvas.
Por vezes se perdem, por vezes se encontram,
Na tela da vida, onde as cores se juntam.

Pinceladas do Labirinto

No centro do labirinto, o coração da tela,
Onde todas as almas encontram sua aquarela.
Ali, a verdade se revela, em tons suaves,
O propósito de cada alma, em traços leves.

Mas o labirinto é complexo, cheio de reviravoltas,
Caminhos que levam a becos, a portas soltas.
Ainda assim, cada alma persiste, com coragem,
Pintando a sua história, a sua própria imagem.

Quando a última pincelada cai,
O labirinto das almas em tela se desvai.
Resta apenas a obra, um mosaico de vidas,
As cores da existência, em harmonia unidas.

Assim é o labirinto, o mistério da criação,
Cada alma uma nota, na sinfonia da evolução.
Na tela do universo, pintamos o nosso enredo,
No labirinto das almas, encontramos o nosso credo.

Sonhos entre Sagrado e Profano

No palco do subconsciente, o profano toma forma,
Desejos inconfessos, paixões que transbordam.
Mas também ali brilha o sagrado, puro e intenso,
Transcendendo o terreno, tocando o imenso.

Sonhos de amor carnal, de prazeres mundanos,
Entrelaçados com preces aos deuses soberanos.
Profano e sagrado, num baile intricado,
Onde o divino e o humano são igualmente celebrados.

No sagrado, a busca pela luz, pelo divino,
Pela conexão com o cosmos, pelo destino.
 No profano, a celebração da carne, da vida terrena,
Da alegria efémera, da beleza serena.

Cada sonho, um fio na trama do ser,
Entre o sagrado e o profano, um entender.
Que somos ambos, divino e humano,
Em sonhos revelados, por nosso próprio engano.

Silhuetas no Templo da Inspiração

Caminhamos pelo corredor etéreo, sob a luz difusa,
Silhuetas em busca de algo mais, uma musa.
No templo da inspiração, um santuário invisível,
Onde ideias dançam livres, num ritmo inaudível.

As paredes ecoam com o sussurro de mentes passadas,
Pensamentos perdidos, palavras não ditas, imagens
desbotadas.
Aqui, artistas, poetas e sonhadores vêm buscar,
A chama que acende a criatividade, fazendo-a despertar.

Nós, silhuetas, somos apenas sombras vagando,
Na vasta catedral do pensamento, sempre ansiando.
Buscamos a centelha divina, o fogo sagrado,
Que nos eleva além do comum, para o estado inspirado.

No templo da inspiração, nos tornamos imortais,
Silhuetas a dançarem na luz, tecendo sonhos celestiais.
Cada ideia uma estrela, cada pensamento um cometa,
Desenhando no céu do pensamento, a eterna silhueta.

Aquarelas de uma Epifania

Em cada gota de chuva, um universo por descobrir,
Aquarelas de uma epifania, prontas para colorir.
O céu cinzento se abre, revelando o seu segredo,
Na dança da chuva, a vida ganha um novo enredo.

As cores do arco-íris, pinceladas pelo divino,
Desenham no céu o caminho de um destino.
Cada tonalidade, uma promessa de renovação,
Aquarelas de uma epifania em constante transformação.

Ecoa a melodia do vento, sussurrando canções,
Nas folhas das árvores, despertando emoções.
Cada nota, um suspiro da mãe natureza,
Aquarelas de uma epifania, em sua pura beleza.

No reflexo das poças, o mundo é recriado,
Num espelho d'água, o sonho é retratado.
A realidade se dissolve, dando lugar à imaginação,
Aquarelas de uma epifania, a alma em expansão.

Girar com Dervixes no Espaço

No vórtice do cosmos, onde estrelas dançam e brilham,
Giram os dervixes, numa dança divina e sublime.
Como planetas em órbita num ritmo celestial,
Buscam o encontro do humano com o divino, um laço
especial.

Girar, girar, na eternidade do espaço,
Em cada rotação, um passo para o divino abraço.
A loucura da parte, buscando alcançar o todo,
Na dança dos dervixes, o universo é o código.

Transcendendo as amarras do mundo material,
Num estado de consciência, além do real.
Com o pé esquerdo cruzado, girando ao som da música,
O dervixe se torna um portal cósmico, a transcendência é
lúdica.

No Sama, não é simplesmente girar em círculos,
É conquistar o equilíbrio, entre o céu e a terra, em ciclos.
Louva-se o Profeta, num espectáculo de devoção,
Girar com dervixes no espaço, é uma jornada de
elevação.

Meditações no Jardim de Exílio

Num jardim de exílio, onde a solidão floresce,
E o silêncio é a canção que o vento tece.
Sente-se o perfume da saudade, em cada pétala caída,
Meditações brotam, na terra da vida escondida.

Aqui, longe do tumulto, da pressa e do barulho,
Nasce uma poesia, como um regato em seu sulco.
No coração da natureza, a alma encontra consolo,
Meditações no jardim de exílio, um refúgio solo.

Os pensamentos dançam, como folhas ao vento,
Em cada movimento, um momento de alento.
Na sombra de uma árvore, sob o céu estrelado,
Meditações florescem, no exílio encantado.

Na quietude deste jardim, a lua lança seu feitiço,
E as estrelas sussurram segredos do precipício.
Meditações desenham raios de luz no véu da noite,
No jardim do exílio, a alma encontra o seu convite.

Murmúrios da Consciência Cósmica

Em cada partícula do universo, uma história a contar,
Os segredos da existência, prontos para desvendar.
Com olhos voltados para o céu, buscamos compreender,
Os murmúrios da consciência cósmica, a nos
surpreender.

Através do véu da matéria, além do visível,
Reside uma consciência, infinitamente incrível.
Com a linguagem das estrelas, e a música das esferas,
Os murmúrios do cosmo, são poesias verdadeiras.

Na dança dos planetas, no pulsar de um quasar,
O universo fala, basta saber escutar.
Nos cantos mais distantes, ou no íntimo do ser,
Murmúrios da consciência cósmica, sempre a florescer.

Na sinfonia da existência, na partitura do viver,
Murmúrios da consciência cósmica, a nos enriquecer.
Em cada amanhecer, em cada entardecer,
Murmúrios da consciência cósmica, a nos fortalecer.

Arcanos Revelados em Pinceladas

Na tela da existência, onde o destino se desenrola,
Com pinceladas de sonhos, a vida se consola.
Cada traço é um segredo, um arcano revelado,
Na dança das cores, o universo é retratado.

Com a paleta da imaginação, pintamos o nosso caminho,
Onde o azul da esperança, encontra o vermelho do
carinho.
Em cada pincelada, uma verdade escondida,
Arcanos revelados, na arte da vida.

O verde da renovação, o preto do mistério,
Na tela da existência, cada cor tem seu império.
Com pinceladas de luz, nas sombras do tempo,
Arcanos são revelados, em cada movimento.

Do branco da pureza, ao dourado da sabedoria,
A arte revela, a essência da magia.
Com pinceladas de amor, na tela do infinito,
Os arcanos são revelados, em cada detalhe explícito.

O Despertar do Êxtase Criativo

No coração do silêncio, onde a inspiração se incuba,
Surge o êxtase criativo, como uma flor que desabrocha.
É um despertar súbito, um clarão no escuro,
Onde a alma dança, ao ritmo do futuro.

Com cores vivas e formas fluidas, a mente se adorna,
Em cada pensamento, uma nova obra se forma.
No palco da imaginação, as ideias se apresentam,
O despertar do êxtase criativo, que as paixões alimentam.

E é como um rio que flui, sem fim, sem começo,
Onde cada gota é um sonho, cada onda um sucesso.
Nas profundezas da consciência, onde os mistérios se
escondem,
Desperta o êxtase criativo, onde as maravilhas se
encontram.

Com o pincel do desejo, pintamos nosso destino,
Onde o amor é a tela, e a arte o caminho.
No despertar do êxtase criativo, há um fervor divino,
Onde a beleza reside, em cada traço, cada linha.

Encantamentos sob o Manto da Noite

Sob o manto da noite, onde as estrelas brilham,
Os encantamentos despertam, e os sonhos se iluminam.
Na dança das sombras, onde o mistério reside,
O universo sussurra, e a magia se confide.

Com o luar como testemunha, e a brisa como canção,
Os encantamentos florescem, na escuridão.
Cada estrela é um segredo, cada nuvem um desejo,
Sob o manto da noite, a realidade é um espelho.

E é na quietude da noite, que o coração se revela,
Onde os encantamentos sussurram, e a alma se eleva.
Na dança das constelações, no canto do vento,
Sob o manto da noite, desperta o encantamento.

Com o véu da escuridão, pintamos os nossos sonhos,
Onde o medo é desfeito, e o amor são os troncos.
Sob o manto da noite, com a lua a brilhar,
Os encantamentos se tecem, prontos para encantar.

Fragmentos de um Mosaico Celestial

Em silêncio, observo o mosaico das estrelas,
Cada fragmento é um pensamento, uma conexão
profunda.
Reflexos celestes na minha consciência serena,
Fragmentos de um mosaico, em meditação plena.

Estrelas dançam, formando padrões desconhecidos,
Cometas são artistas, pintando o mosaico dividido.
O universo se desdobra, revelando portas de sonhos,
No mosaico surreal, os fragmentos são donos.

Nas melodias das constelações dispersas,
Ecoa uma canção de eras imersas.
Sinto a beleza cósmica se expandir,
No mosaico lírico, aprendi a sentir.

Estrelas são símbolos, gravados no céu,
Cada uma, um segredo que ao longe se despediu.
Carrego na contemplação o desejo dos imortais,
No mosaico simbólico, onde os sonhos são reais.

Um Mosaico Estelar

Um ponto, um fragmento, céu infinito,
Luz na escuridão, verdade em que acredito.
Menos é vasto, quando estou a contemplar,
No mosaico abstrato, vou me encontrar.

Conto de um viajante entre estrelas partidas,
Observando fragmentos, curando feridas.
A história do cosmos escrita na viagem,
No mosaico narrativo, encontro minha imagem.

É lírico e místico esse vasto mosaico,
Narrativa tecida em cada novo traço.
Complexo é o tecer de cada nova estrela,
Mosaico eclético, revela a tela bela.

No espelho do tempo, cada luz uma memória,
Mosaico cósmico, eterna trajetória.
Na tapeçaria do universo, um design divino,
No mosaico abstrato, descubro o meu destino.

Hino às Musas do Abstrato

Ó musas do abstrato, que habitais o éter,
Vós que dançais na linha ténue entre o ser e o não ser.
Nas vossas mãos, a realidade se desfaz,
E das cinzas do concreto, a abstração refaz.

Do caos, traçais ordem com pincéis de luz,
No quadro do universo, cada estrela uma cruz.
Vossos sussurros são melodias no silêncio,
Ecos de um cosmos abstrato, infinito e denso.

No palco do nada, vós dançais,
Com passos leves, as formas desfaz.
E na vossa dança, o tudo se revela,
Na abstração, a essência mais bela.

Ó musas do abstrato, que tecem o invisível,
Vossa arte é o segredo do universo indecifrável.
Nas cordas da realidade, vós tocáis a canção,
Que ressoa no vazio, uma sinfonia de abstração.

Com imensa gratidão